Impressum
Verlag: BABADADA GmbH, Nedderfeld 112 , 22529 Hamburg
Geschäftsführer / Verlagsleitung: Harald Hof
Druck: Books on Demand GmbH, In de Tarpen 42, 22848 Norderstedt

Imprint
Publisher: BABADADA GmbH, Nedderfeld 112 , 22529 Hamburg, Germany
Managing Director / Publishing direction: Harald Hof
Print: Books on Demand GmbH, In de Tarpen 42, 22848 Norderstedt, Germany

# училище

## مدرسه

класна стая
کلاس درس
деление
تقسیم کردن
186/2
черна дъска
تخته
учител
معلم
училищен двор
хартия
کاغذ
пиша
نوشتن
химикал
خودکار
бюро
میز تحریر
линеал
خط کش
книга
کتاب
ученик
دانش آموز

ученическа раница

کیف مدرسه

ученически несесер

جامدادی

молив

مداد

острилка за моливи

تراش

гума

پاک کن

блок за рисуване

دفتر رسم

2 училище - مدرسه

рисунка

طراحی

четка

قلم مو

акварелни бои

جعبه ی آبرنگ

ножица

قیچی

лепило

چسب

тетрадка за упражнения

کتاب تمرین

домашна работа

تکلیف خانه

число

رقم

събиране

جمع کردن

изваждане

تفریق کردن

умножение

ضرب کردن

смятане

محاسبه کردن

буква

حرف الفبا

азбука

الفبا

дума

کلمه

текст

متن

чета

خواندن

тебешир

گچ

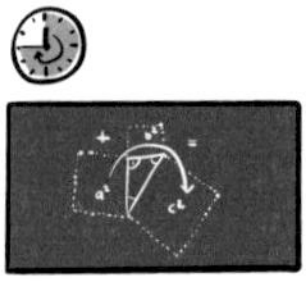

час

درس

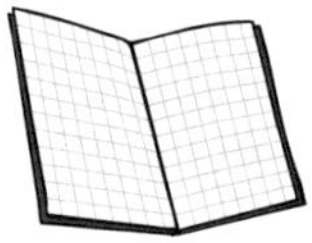

дневник на класа

ثبت نام

изпит

امتحان

свидетелство

مدرک رسمی

ученическа униформа

لباس مدرسه

образование

تحصیلات

справочник

دانشنامه

университет

دانشگاه

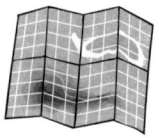

микроскоп

میکروسکوپ

карта

نقشه

кошче за хартиени отпадъци

سبد کاغذ باطله

# пътуване
# سفر

хотел
هتل
хостел
مسافرخانه
ROOMS
обменно бюро
صرافی
EXCHANGE
куфар
چمدان
кола
اتومبیل

език

زبان

да / не

بله / خیر

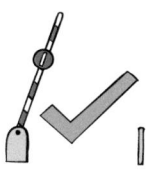

Окей

اُکی

здравей

سلام

преводач

مترجم

Благодаря

ممنون

Колко струва…?

قیمت ... چه قدر است؟

Не разбирам

من متوجه نمی شوم

проблем

مشکل

Добър вечер!

عصر بخیر! / شب بخیر!

Добро утро!

صبح بخیر!

Лека нощ!

شب بخیر!

довиждане

خدانگهدار

посока

جهت

багаж

بار سفر

пътна чанта

کیف

раница

کوله پشتی

посетител

مهمان

стая

اتاق

спален чувал

کیسه خواب

палатка

خیمه

уристическа информация

مرکز راهنمای گردشگران

плаж

ساحل

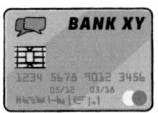

кредитна карта

کارت اعتباری

закуска

صبحانه

обед

نهار

вечеря

شام

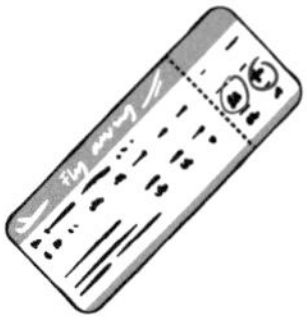

билет

بلیط

асансьор

آسانسور

пощенска марка

مهر

граница

مرز

митница

گمرک

посолство

سفارتخانه

виза

ویزا

паспорт

گذرنامه

# транспорт
## حمل و نقل

самолет
هواپیما
кораб
کشتی
пожарна кола
ماشین آتش نشانی
автобус
اتوبوس
товарен автомобил
کامیون
моторна лодка
قایق موتوری
велосипед
دوچرخه
кола
اتومبیل

ферибот

کشتی مسافربری

лодка

قایق

мотоциклет

موتورسیکلت

полицейска кола

ماشین پلیس

състезателна кола

ماشین مسابقه

кола под наем

ماشین کرایه ای

каршеринг

به اشتراک گذاری اتوموبیل

автомобил от "Пътна помощ"

جرثقیل

сметовоз

ماشین حمل زباله

двигател

موتور

бензин

بنزین

бензиностанция

پمپ بنزین

пътен знак

تابلو راهنمایی و رانندگی

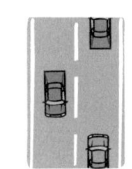

улично движение

عبور و مرور

задръстване

ترافیک

паркинг

پارکینگ

гара

ایستگاه قطار

релси

ریل راه آهن

влак

قطار

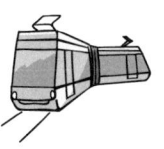

трамвай

قطار برقی

вагон

واگن

хеликоптер

هلیکوپتر

аерогара

فرودگاه

кула

برج

пасажер

مسافر

контейнер

کانتینر

кашон

کارتن

ръчна количка

گاری

кошница

سبد

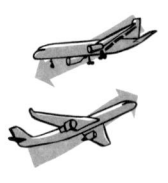

излитам / приземявам се

به پرواز درآمدن / فرود آمدن

# град

شهر

село

دهکده

градски център

مرکز شهر

къща

خانه

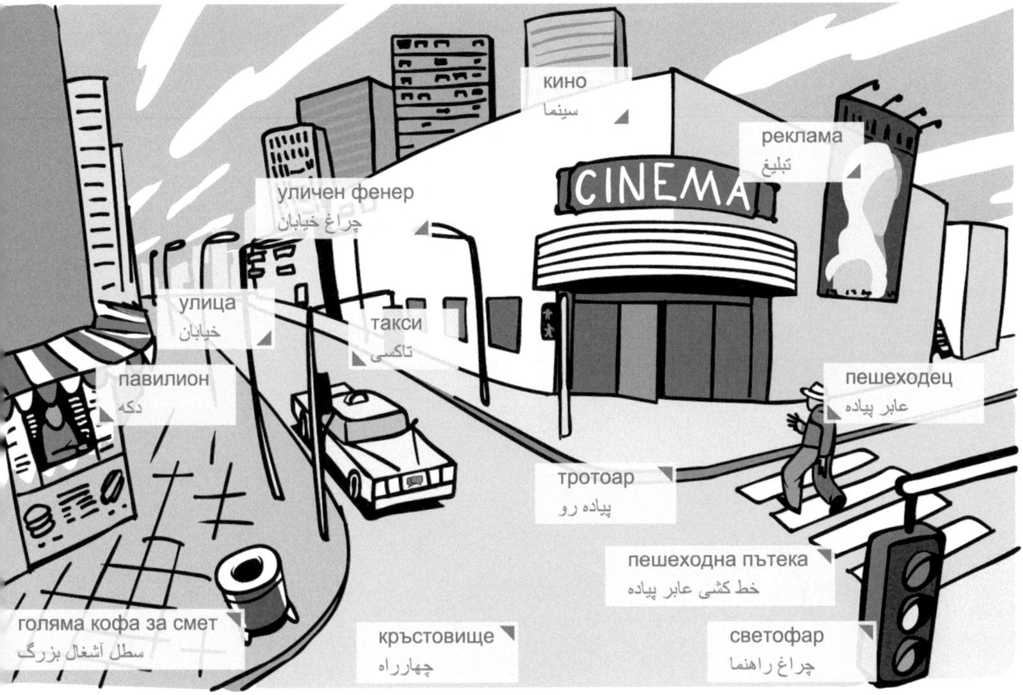

кино
سینما

реклама
تبلیغ

уличен фенер
چراغ خیابان

улица
خیابان

такси
تاکسی

павилион
دکه

CINEMA

пешеходец
عابر پیاده

тротоар
پیاده رو

пешеходна пътека
خط کشی عابر پیاده

голяма кофа за смет
سطل آشغال بزرگ

кръстовище
چهارراه

светофар
چراغ راهنما

хижа

کلبه

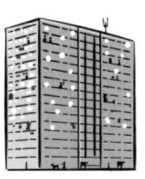

жилище

آپارتمان

гара

ایستگاه قطار

кметство

ساختمان شهرداری

музей

موزه

училище

مدرسه

град - شهر

11

университет

دانشگاه

банка

بانک

болница

بیمارستان

хотел

هتل

аптека

داروخانه

офис

اداره

книжарница

کتابفروشی

магазин за цветя

مغازه

магазин за цветя

گل فروشی

супермаркет

سوپرمارکت

пазар

بازار

универсален магазин

فروشگاه بزرگ

търговец на риба

ماهی فروش

търговски център

مرکز خرید

пристанище

بندر

12         град - شهر

парк

پارک

пейка

نیمکت

мост

پل

стълба

پله

метро

مترو

тунел

تونل

автобусна спирка

ایستگاه اتوبوس

бар

میخانه

ресторант

رستوران

пощенска кутия

صندوق پست

улична табелка

تابلوی خیابان

часовник за паркинг
престой

دستگاه پارکومتر

зоологическа градина

باغ وحش

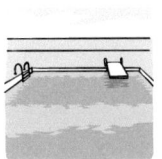

плувен басейн

استخر شنای عمومی

джамия

مسجد

селски двор

مزرعه

замърсяване на околната среда

آلودگی محیط زیست

гробище

قبرستان

църква

کلیسا

детска площадка

زمین بازی

храм

معبد

# пейзаж

## چشم انداز

листо
برگ

пътепоказател
تابلوی راهنمای مسیر

път
راه

ливада
چمنزار

камък
سنگ

дърво
درخت

пътешественик
راه نورد

река
رودخانه

трева
چمن

цвете
گل

долина

دره

планина

تپه

море

دریاچه

гора

جنگل

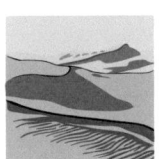

пустиня

بیابان

вулкан

کوه آتشفشان

замък

قلعه

дъга

رنگین کمان

гъба

قارچ

палма

درخت نخل

комар

پشه

муха

مگس

мравка

مورچه

пчела

زنبور

паяк

عنکبوت

бръмбар

سوسک

жаба

قورباغه

катеричка

سنجاب

таралеж

جوجه تیغی

заек

خرگوش صحرایی

кукумявка

جغد

птица

پرنده

лебед

قو

диво прасе

گراز

елен

گوزن نر

лос

گوزن شمالی

бент

سد آب

вятърна турбина

توربین بادی

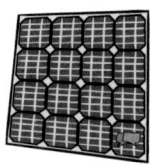

соларен модул

صفحه ی خورشیدی

климат

آب و هوا

# ресторант
# رستوران

меню
منوی غذا
стол
صندلی
супа
سوپ
пица
پیتزا
прибори за хранене
سرویس کارد و قاشق و چنگال
покривка за маса
رومیزی

предястие

پیش‌غذا

основно ястие

غذای اصلی

десерт

دسر

напитки

نوشیدنی ها

ядене

غذا

бутилка

بطری

бързо хранене

فست فود

улична храна

اغذیه خیابانی

кана за чай

قوری

кутия за захар

قندان

порция

پُرس غذا

еспресо машина

دستگاه اسپرسو

висок детски стол

صندلی پایه بلند غذاخوری بچه

сметка

صورتحساب

табла

سینی

ножица за нокти

چاقو

вилица

چنگال

лъжица

قاشق

чаена лъжичка

قاشق چایخوری

салфетка

دستمال سفره

стъклена чаша

لیوان

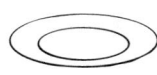

чиния

بشقاب

чиния за супа

بشقاب سوپخوری

чинийка

نعلبکی

сос

سس

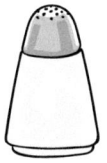

солница

نمکدان

мелничка за черен пипер

فلفل ساب

оцет

سرکه

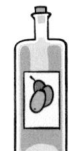

олио

روغن خوراکی

подправки

ادویه جات

кетчуп

سس کچاپ

горчица

سس خردل

майонеза

سس مایونز

# супермаркет

# سوپرمارکت

оферта
پیشنهاد ویژه
клиент
مشتری
млечни продукти
لبنیات
плодове
میوه جات
количка за покупки
چرخ دستی خرید

кланица

قصابی

хлебарница

نانوایی

тегля

وزن کردن

зеленчуци

سبزیجات

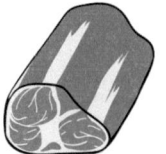

месо

گوشت

дълбоко замразена храна

غذای منجمد

нарязан колбас или сирене

مخلوطی از انواع کالباس یا پنیر ک
ورقه ای بریده شده باشند

консерви

غذای کنسروی

перилен препарат

پودر لباسشویی

лакомства

شیرینی جات

домакински изделия

لوازم خانگی

почистващи препарати

ماده شوینده و پاک کننده

продавачка

فروشنده

каса

صندوق پرداخت

касиер

صندوقدار

списък на покупките

لیست خرید

работно време

ساعات کار

портфейл

کیف پول

кредитна карта

کارت اعتباری

чанта

کیف

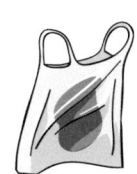

пластмасова торба

کیسه ی پلاستیکی

# напитки
## نوشیدنی ها

вода

آب

сок

آبمیوه

мляко

شیر

кола

نوشابه کوکاکولا

вино

شراب

бира

آبجو

алкохол

الکل

какао

کاکائو

чай

چای

кафе машина

قهوه

еспресо

قهوه اسپرسو

капучино

کاپوچینو

банан

موز

ябълка

سیب

портокал

پرتقال

пъпеш

انواع هندوانه و خربزه

лимон

لیمو

морков

هویج

чесън

سیر

бамбук

نی بامبو

лук

پیاز

гъба

قارچ

ядки

آجیل

макарони

ماکارونی

спагети

اسپاگتی

ориз

برنج

салата

سالاد

пържени картофи

سیب زمینی سرخ کرده

печени картофи

سیب زمینی سرخ شده

пица

پیتزا

хамбургер

همبرگر

сандвич

ساندویچ

шницел

شنیتسل

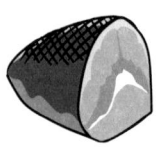

шунка

ژامبون خوک

траен колбас

سالامی

салам

سوسیس

пиле

مرغ

печено

نوعی گوشت سرخ شده

риба

ماهی

овесени ядки

جوی پرک شده

мюсли

نوعی صبحانه مخلوطی از برگه ذرت و میوه های خشک شده و خشکبار که معمولا با شیر خورده می شود

корнфлейкс

کورن‌فلکس

брашно

آرد

кроасан

کرواسان

хлебчета

نان بروتشن

хляб

نان

препечена филийка

نان تست

бисквити

بیسکویت

масло

کره

извара

کشک

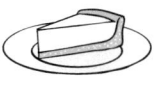

сладкиш

کیک

яйце

تخم مرغ

яйца на очи

تخم مرغ نیمرو

сирене

پنیر

ядене - غذا   25

сладолед

بستنی

захар

شکر

мед

عسل

мармалад

مربا

нуга крем

کرم شکلاتی بادامی

къри

ادویه کاری

# селски двор
## مزرعه

плевня
انبار غله
бала сено
خرمن گاه
поле
مزرعه
кон
اسب
ремарке
ماشین یدک کش
трактор
تراکتور
конче
کره اسب
магаре
خر
овца
گوسفند
агне
بره

коза

بز

крава

گاو ماده

теле

گوساله

свиня

خوک

прасенце

بچه خوک

бик

گاو نر

гъска

غاز

патица

اردک

пиленце

جوجه

кокошка

مرغ

петел

خروس

плъх

موش صحرایی

котка

گربه

мишка

موش

вол

گاو نر اخته

куче

سگ

кучешка колиба

لانه ی سگ

градински маркуч

شلنگ باغبانی

лейка

آبپاش

коса

داس دسته بلند

плуг

گاوآهن

сърп

داس

мотика

کج بیل

вила за тор

چنگک باغبانی

брадва

تبر

ръчна количка

فرقون

корито

آبشخور

съд за мляко

بطری نگهداری شیر

чувал

کیسه

ограда

حصار

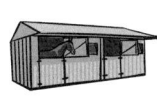

обор

اصطبل

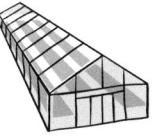

парник

گلخانه

земя

خاک

сеитба

بذر

тор

کود

комбайн

ماشین کمباین

жъна

برداشت کردن محصول

реколта

محصول

ямс

تمیس

жито

گندم

соя

سویا

картоф

سیب زمینی

царевица

ذرت

рапица

کلزا

овощно дърво

درخت میوه

маниока

گیاه مانیوک

зърнени храни

غلات

# къща
# خانه

комин
دودکش
покрив
پشت بام
улук
ناودان
прозорец
پنجره
гараж
گاراژ
звънец
زنگ در
врата
در
кофа за боклук
سطل آشغال
пощенска кутия
صندوق مراسلات
градина
باغ

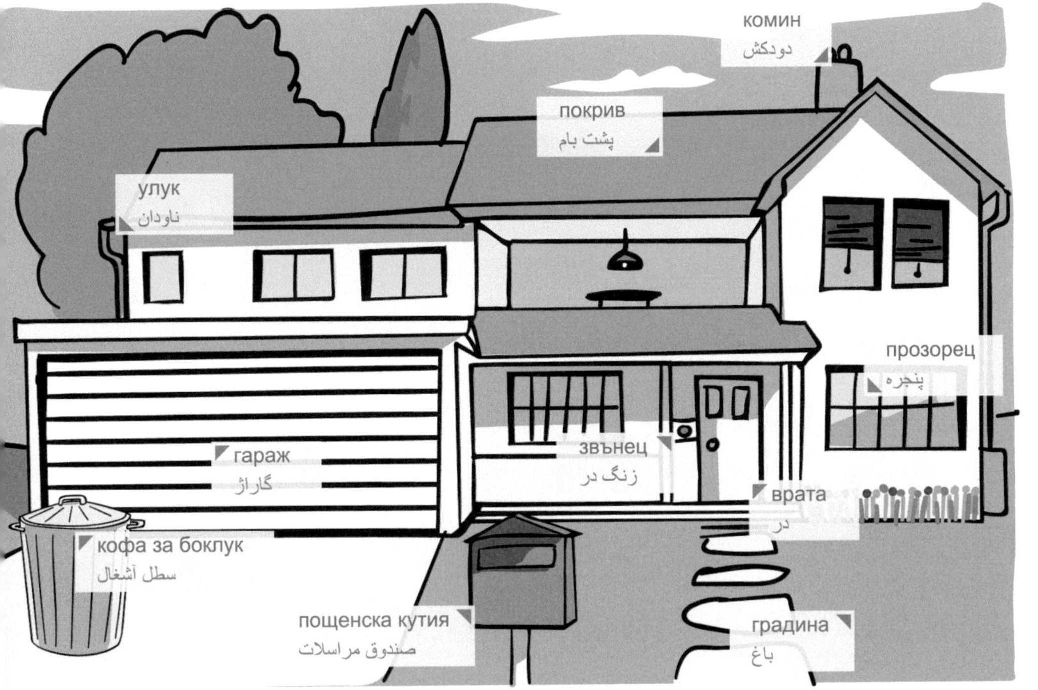

всекидневна

اتاق نشیمن

баня

حمام

кухня

آشپزخانه

спалня

اتاق خواب

детска стая

اتاق بچه

трапезария

ناهارخوری

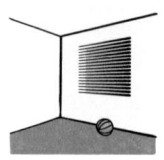

под

كف زمين

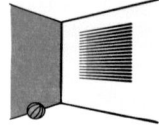

стена

ديوار

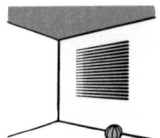

таван

سقف

изба

زيرزمين

сауна

سونا

балкон

بالكن

тераса

تراس

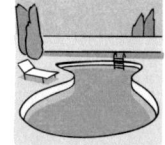

плувен басейн

استخر

косачка

ماشين چمنزنی

спално бельо

ملافه

покривка за легло

روتختی

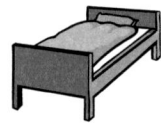

легло

تخت خواب

метла

جارو

кофа

سطل

електрически ключ

سويچ يا كليد

# всекидневна

## اتاق نشیمن

тапет
کاغذ دیواری
картина
عکس
лампа
لامپ
рафт
قفسه
шкаф
کابینت
телевизор
تلویزیون
камина
شومینه
цвете
گل
възглавница
کوسن
канапе
کاناپه
ваза
گلدان
дистанционно управление
کنترل تلویزیون و ویدئو و غیره

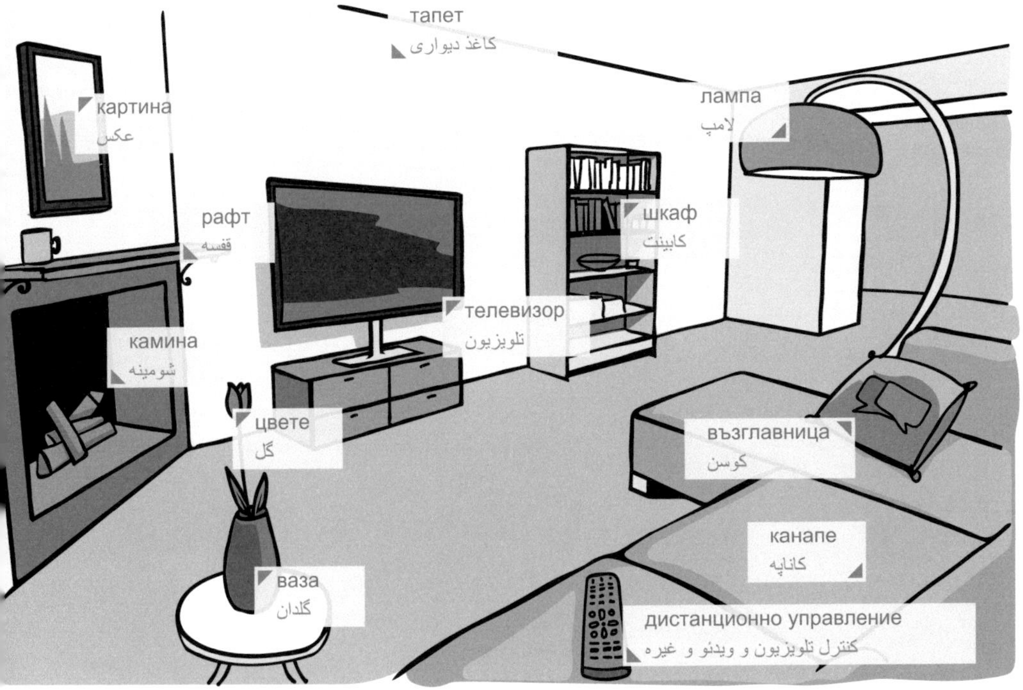

килим

فرش

завеса

پرده

маса

میز

стол

صندلی

люлеещ се стол

صندلی گهواره ایی

кресло

صندلی راحتی

книга

كتاب

одеяло

لحاف

декорация

دكوراسيون

дърва за отопление

هيزم

филм

فيلم

стерео уредба

دستگاه ضبط صوت

ключ

كليد

вестник

روزنامه

живопис

تابلو نقاشى

постер

پوستر

радио

راديو

бележник

دفترچه يادداشت

прахосмукачка

جاروبرقى

кактус

كاكتوس

свещ

شمع

# кухня
# آشپزخانه

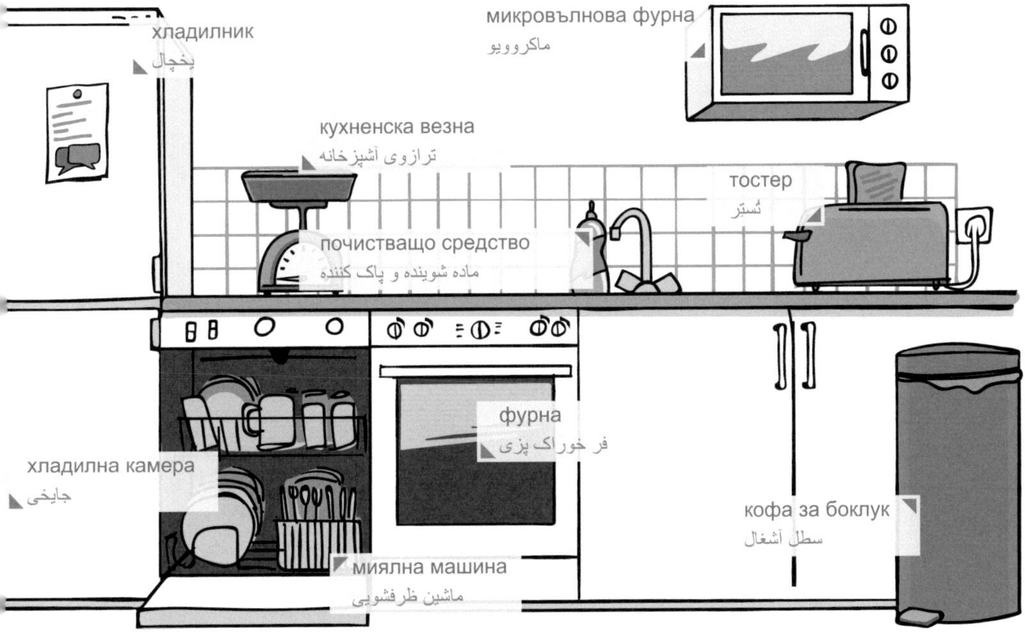

хладилник
یخچال
микровълнова фурна
ماکروویو
кухненска везна
ترازوی آشپزخانه
тостер
تُستِر
почистващо средство
ماده شوینده و پاک کننده
фурна
فر خوراک پزی
хладилна камера
جایخی
кофа за боклук
سطل آشغال
миялна машина
ماشین ظرفشویی


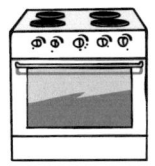

готварска печка

اجاق گاز

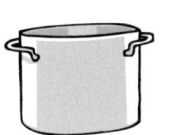

тенджера

قابلمه

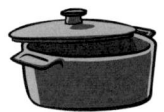

желязна тенджера

قابلمه چدنی

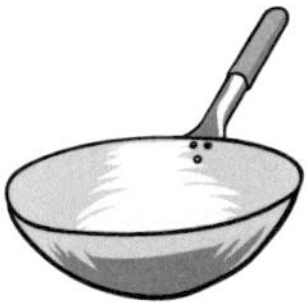

уок / кадаи

ماهی تابه گود

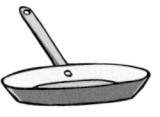

тиган

ماهی تابه

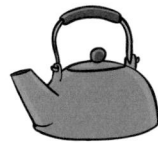

кана за затопляне на вода

کتری

уред за готвене на пара

بخارپز

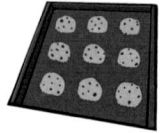

тава за печене

سینی فر

съдове

ظرف چینی آشپزخانه

чаша

لیوان

купа

کاسه

клечки за хранене

چاپستیک

черпак

ملاقه

лопатка за тиган

کفگیر

тел за разбиване (на яйца, белтъци)

همزن

кошница за варене

آبکش

гевгир

آبکش

ренде

رنده

хаван

هاون

барбекю

باربیکیو

огнище

محل مخصوص افروختن آتش

дъска

تخته گوشت و سبزی

точилка

وردنه

тирбушон

در بطری بازکن

кутия

قوطی

отварачка за консерви

در قوطی بازکن

кухненска ръкохватка

دستگیره پارچه ای

мивка

سینک ظرفشویی

четка

برس گردگیری

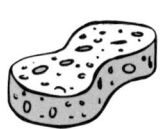

гъба

اسفنج

миксер

مخلوط کن

фризер

فریزر

бебешко шише

شیشه شیر بچه

воден кран

شیر آب

# баня

## حمام

отопление
بخاری
душ
دوش
хавлиена кърпа
حوله
завеса за баня
پرده ی حمام
шампоан за вана
حمام کف
вана
وان حمام
стъклена чаша
لیوان
перална машина
ماشین لباسشویی
воден кран
شیر آب
плочки
کاشی
гърне
لگن دستشویی کودکان
мивка
سینک ظرفشویی

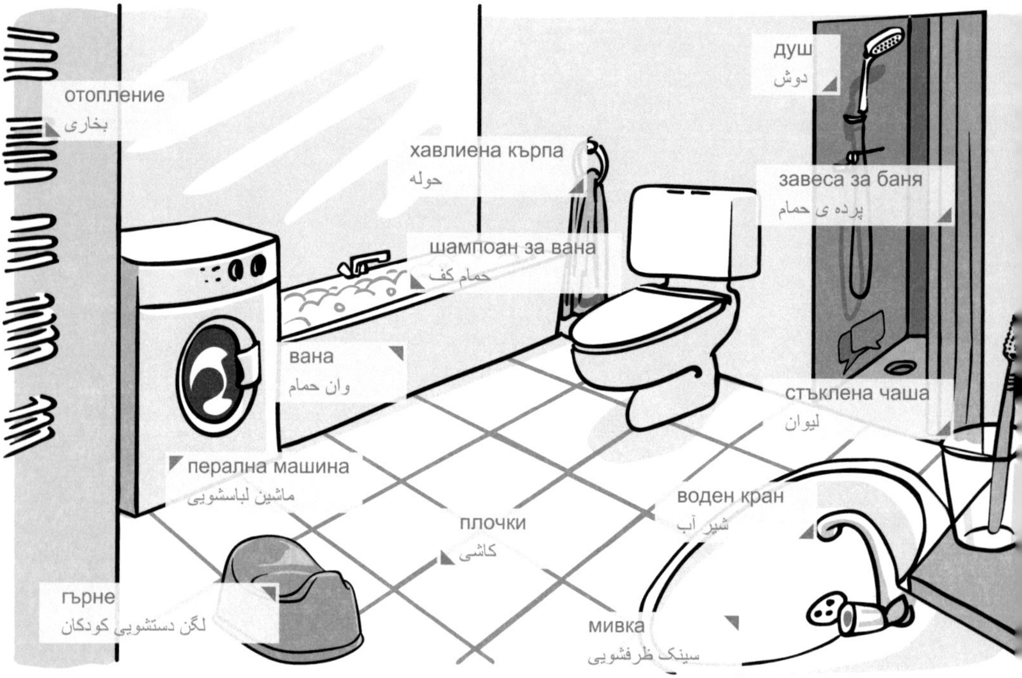

тоалетна

توالت

клекало

توالت ایرانی

биде

کاسه توالت

писоар

توالت مخصوص آقایان

тоалетна хартия

دستمال توالت

четка за тоалетна

فرچه توالت

четка за зъби

مسواک

паста за зъби

خمیردندان

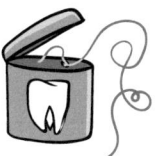

конец за зъби

نخ دندان

мия

شستن

ръчен душ

دوش آب تلفنی

интимен душ

شلنگ توالت

леген

لگن روشویی

четка за гръб

برس شست و شوی پشت

сапун

صابون

душ гел

شامپو بدن

шампоан за вана

شامپو

гъба за баня

لیف حمام

сифон

راه آب

крем

کرم

дезодорант

اسپری دئودورانت

огледало

آیینه

козметично огледало

آیینه ی کوچک دستی

ръчна самобръсначка

تیغ ریش تراشی

пяна за бръснене

کف ریش‌تراشی

одеколон за след
бръснене

افترشیو

гребен

شانه ی سر

четка

برس

сешоар

سشوار

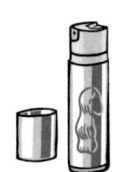

спрей за коса

اسپری مو

грим

آرایش

червило

رژلب

лак за нокти

لاک ناخن

памук

پنبه

ножица за нокти

قیچی ناخن

парфюм

عطر

тоалетна чантичка

کیف لوازم آرایشی و بهداشتی

табуретка

چهارپایه

везна

ترازو

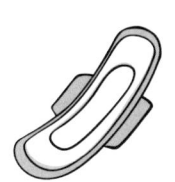

хавлия

حوله ی پالتویی

домакински ръкавици

دستکش ظرفشویی

тампон

تامپون

дамски превръзки

نوار بهداشتی

химическа тоалетна

توالت سیار

# детска стая
## اتاق بچه

будилник
ساعت زنگدار
плюшена играчка
نوعی عروسک نرم به شکل حیوانات
автомобил играчка
ماشین اسباب بازی
дрънкалка
جغجغه
къща за кукли
خانه ی عروسکی
подарък
کادو

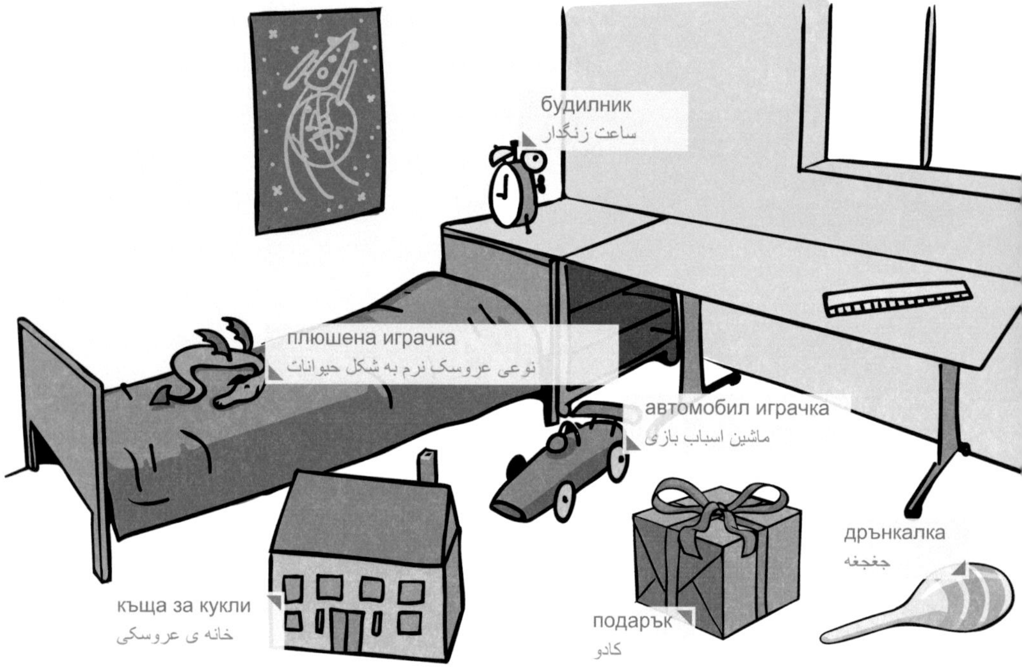

балон

بادکنک

легло

تخت خواب

детска количка

کالسکه بچه

игра на карти

بازی ورق

пъзел

پازل

комикс

داستان مصور

лего елементи

اسباب بازی لگو

строителни елементи

خانه سازی

екшън фигурка

عروسک شخصیت های فیلم و کارتون

бебешки гащеризон

لباس نوزاد

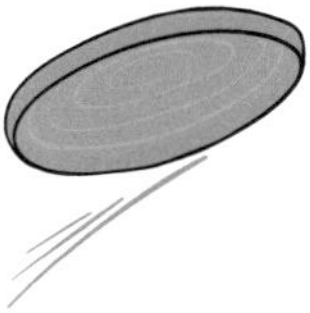

фрисби

فریزبی

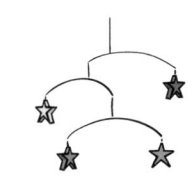

бебешки играчки за легло

نوعی اسباب بازی که روی تخت نوزاد
یا کودک نصب می شود

настолна игра

بازی روی صفحه

зарче

تاس

миниатюрно влакче

قطار اسباب بازی

биберон

پستانک

парти

مهمانی

детска книга с илюстрации

کتاب مصور

топка

توپ

кукла

عروسک

играя

بازی کردن

пясъчник

جعبه شنی مخصوص بازی کودکان

люлка

تاب

играчка

اسباب بازی

игрова конзола

کنسول بازی های کامپیوتری

велосипед с три колелета

سه چرخه

плюшено мече

خرس عروسکی

гардероб

کمد لباس

## облекло

لباس

къси чорапи

جوراب

дълги чорапи

جوراب زنانه ساق بلند

чорапогащник

جوراب شلواری

шал
شال

колан
كمربند

чадър
چتر

Т-шърт
تی شرت

ботуши
پوتین

пантофи
دمپایی

гуменки
كفش ورزشی كتانی

сандали
صندل

обувки
كفش

гумени ботуши
چكمه پلاستیكی

слип
شرت

сутиен
سوتین

долна блуза
جلیقه

боди

بادی

панталон

شلوار

дънки

جین

пола

دامن

блуза

بلوز

риза

پیراهن

пуловер

پولیور

суичър

سویی شرت

блейзър

نوعی کت

яке

ژاکت

палто

کت بلند

дъждобран

بارانی

костюм

لباس نمایش

рокля

لباس

булчинска рокля

لباس عروس

костюм

کت و شلوار

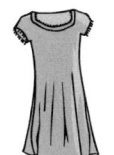

нощница

لباس خواب زنانه

пижама

پیژامه

сари

ساری

кърпа за глава

روسری

тюрбан

عمامه

бурка

برقع

кафтан

قبا

абая

عبا

бански костюм

لباس شنا

плувни шорти

شرت شنا

къс панталон

شلوارک

анцуг

لباس ورزشی

престилка

پیشبند

ръкавици

دستکش

копче

دکمه

очила

عینک

гривна

دستبند

верижка

گردنبند

пръстен

انگشتر

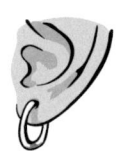

обеца

گوشواره

каскет

کلاه لبه دار

закачалка

چوب لباسی

шапка

کلاه

вратовръзка

کراوات

цип

زیپ

каска

کلاه ایمنی

тиранти

بند شلوار

ученическа униформа

لباس مدرسه

униформа

لباس فرم

лигавник

پیش بند بچه

биберон

پستانک

пелена

پوشک بچه

# офис

## اداره

сървър
سرور
шкаф за документи
کمد نگهداری پرونده
принтер
چاپگر
монитор
مانیتور
хартия
کاغذ
мишка
ماوس
бюро
میز تحریر
папка
زونکن
клавиатура
صفحه کلید
кошче за хартиени отпадъци
سبد کاغذ باطله
компютър
کامپیوتر
стол
صندلی

чаша за кафе

لیوان قهوه

джобен калкулатор

ماشین حساب

интернет

اینترنت

лаптоп

لپ تاپ

писмо

نامه

съобщение

پیغام

мобилен телефон

تلفن همراه

мрежа

شبکه ی ارتباطی

ксерокс

دستگاه فتوکپی

софтуер

نرم افزار

телефон

تلفن

контакт

پریز

факс

دستگاه فاکس

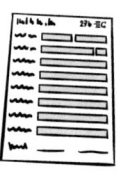

формуляр

فرم

документ

مدرک

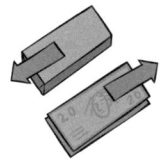

купувам

خریدن

плащам

پرداخت کردن

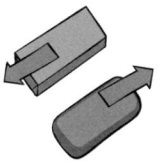

търгувам

تجارت کردن

пари

پول

долар

دلار

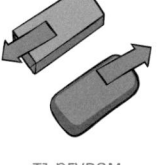

евро

یورو

йена

ین

рубла

روبل

швейцарски франк

فرانک سوئیس

ренминби юан

یوان رنمینبی

рупия

روپیه

банкомат

دستگاه خودپرداز

обменно бюро

صرافی

злато

طلا

сребро

نقره

нефт

نفت

енергия

انرژی

цена

قیمت

договор

قرارداد

данък

مالیات

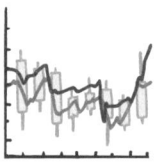

акция

سهام سرمایه

работя

کار کردن

служител

کارمند

работодател

کارفرما

фабрика

کارخانه

магазин за цветя

مغازه

# професии

## مشاغل

пожарникар
آتش نشان
полицай
مامور پلیس
готвач
آشپز
лекар
دکتر
пилот
خلبان

градинар

باغبان

мебелист

نجار

шивачка

خیاط زنانه

съдия

قاضی

химик

شیمیدان

артист

بازیگر

шофьор на автобус

راننده اتوبوس

шофьор на такси

راننده تاکسی

рибар

ماهیگیر

чистачка

نظافتچی زن

майстор на покриви

سقف ساز

келнер

پیشخدمت رستوران

ловец

شکارچی

художник

نقاش

хлебар

نانوا

електротехник

برقکار

строителен работник

کارگر ساختمانی

инженер

مهندس

касапин

قصاب

тенекеджия

لوله کش

пощальон

پستچی

войник

سرباز

архитект

معمار

касиер

صندوقدار

цветар

گل فروش

фризьор

آرایشگر

кондуктор

مامور کنترل بلیط در قطار

механик

مکانیک

капитан

ناخدا

зъболекар

دندانپزشک

научен работник

دانشمند

равин

عالم یهودی

имàм

امام

монах

راهب

свещеник

کشیش

# инструменти
## ابزارآلات

чук
چکش
клещи
انبردست
отвертка
پیچ گوشتی
гаечен ключ
آچار
джобна лампа
چراغ قوه

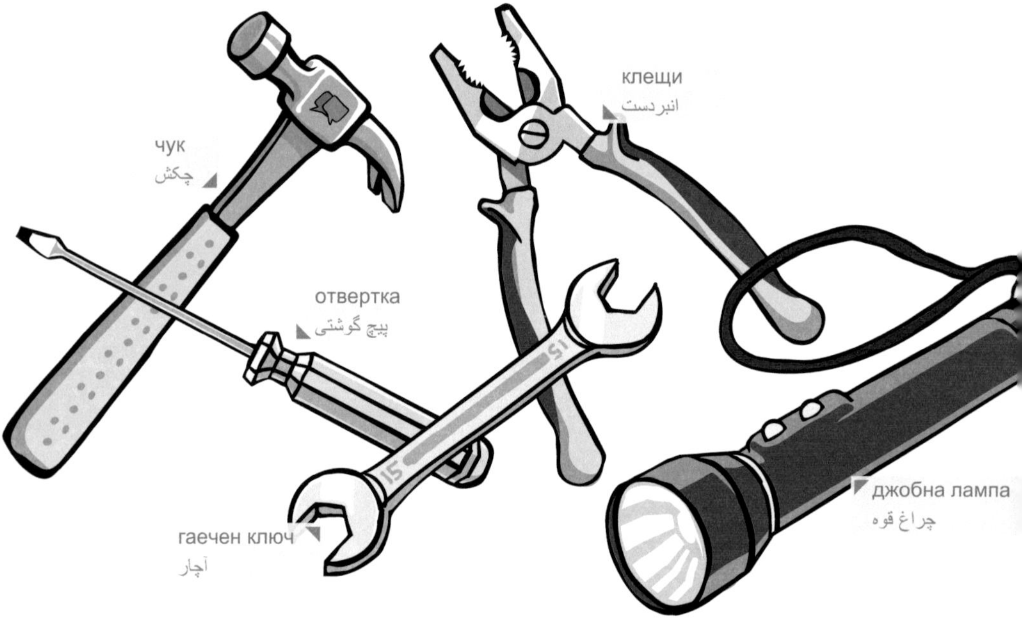

багер

بیل مکانیکی

кутия за инструменти

جعبه ابزار

стълба

نردبان

трион

ارّه

пирони

میخ

бормашина

مته

ремонтирам

تعمیر کردن

лопата

بیل

По дяволите!

لعنتی!

лопатка за смет

خاک انداز

кутия за боя

سطل رنگرزی

болтове

پیچ

# музикални инструменти

## آلات موسیقی

високоговорител

بلندگو

ударни инструменти

درامز

китара

گیتار

контрабас

کنترباس

тромпет

ترومپت

пиано

پیانو

виолина

ویولن

контрабас

گیتار بیس

тимпан

تیمپانی

барабан

طبل

електрическо пиано

کیبورد الکتریک

саксофон

ساکسیفون

флейта

فلوت

микрофон

میکروفون

# зоологическа градина

## باغ وحش

вход
ورودی
тигър
бръмбар
قفس
зебра
گورخر
храна за животни
خوراک حیوانات
панда
خرس پاندا

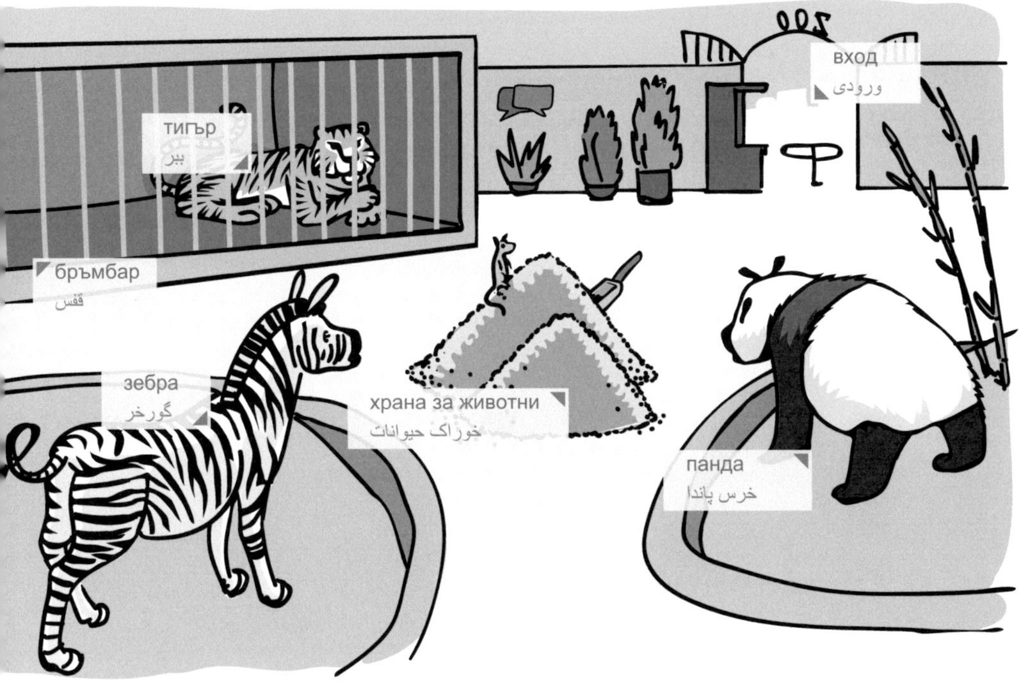

животни

حیوانات

слон

فیل

кенгуру

کانگورو

носорог

کرگدن

горила

گوریل

мечка

خرس

камила

شتر

щраус

شترمرغ

лъв

شیر

маймуна

میمون

фламинго

فلامینگو

папагал

طوطی

бяла мечка

خرس قطبی

пингвин

پنگوئن

акула

کوسه

паун

طاووس

змия

مار

крокодил

تمساح

пазач в зоологическа градина

نگهبان باغ وحش

тюлен

خوک آبی

ягуар

پلنگ امریکایی

пони

اسب کوچک

леопард

پلنگ

хипопотам

اسب آبی

жираф

زرافه

орел

عقاب

диво прасе

گراز

риба

ماهی

костенурка

لاک پشت

морж

شیرماهی

лисица

روباه

газела

غزال

# спорт
## ورزش ها

американски футбол
فوتبال آمریکایی
колоездене
دوچرخه سواری
тенис
تنیس
баскетбол
بسکتبال
плуване
شنا
хокей на лед
هاکی روی یخ
бокс
بوکس

футбол

فوتبال

бадминтон

بدمینتون

лека атлетика

دوومیدانی

хандбал

هندبال

ски бягане

اسکی

поло

پولو

# дейности

## فعالیت ها

смея се
خندیدن
скачам
پریدن
прегръщам
بغل کردن
вървя
راه رفتن
пея
آواز خواندن
сънувам
رؤیا دیدن
моля се
دعا کردن
целувам
بوسیدن


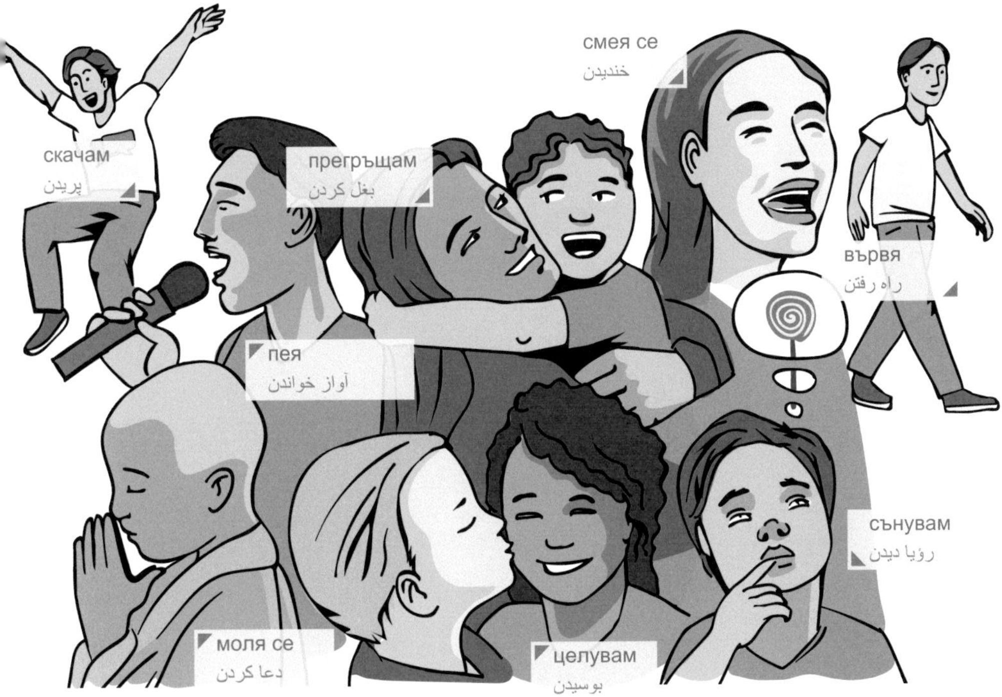

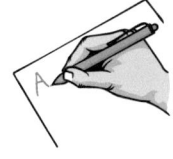

пиша

نوشتن

рисувам

رسم کردن

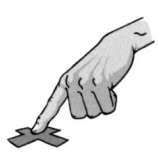

показвам

نشان دادن

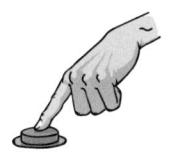

бутам

هل دادن

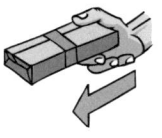

давам

دادن

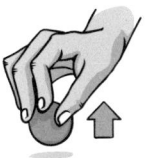

взимам

برداشتن

имам

داشتن

правя

انجام دادن

съм

بودن

стоя

ایستادن

тичам

دویدن

дърпам

کشیدن

хвърлям

پرتاب کردن

падам

افتادن

лежа

دراز کشیدن

чакам

منتظر بودن

нося

حمل کردن

седя

نشستن

обличам

لباس پوشیدن

спя

خوابیدن

събуждам се

بیدار شدن

разглеждам

تماشا کردن

плача

گریه کردن

милвам

نوازش کردن

реша се

شانه کردن

говоря

حرف زدن

разбирам

فهمیدن

питам

پرسیدن

слушам

شنیدن

пия

آشامیدن

ям

خوردن

разтребвам

مرتب کردن

обичам

عاشق بودن

готвя

پختن

карам автомобил

رانندگی کردن

летя

پرواز کردن

плавам (с платна)

قایقرانی کردن

смятане

محاسبه کردن

чета

خواندن

уча

یاد گرفتن

работя

کار کردن

женя се

ازدواج کردن

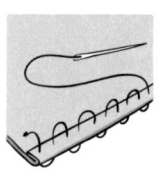

шия

دوختن

измивам си зъбите

مسواک زدن

убивам

کشتن

пуша

سیگار کشیدن

изпращам

فرستادن

# семейство

# خانواده

баба
مادربزرگ
дядо
پدربزرگ
баща
پدر
майка
مادر
бебе
کودک
дъщеря
فرزند دختر
син
فرزند پسر

посетител

مهمان

леля

خاله، عمه

чичо

دایی، عمو

брат

برادر

сестра

خواهر

# тяло

## بدن

чело
پیشانی
око
چشم
рамо
شانه
пръст
انگشت دست
лице
صورت
брадичка
چانه
ръка
دست
крак
ساق پا
гърди
سینه
ръка
بازو

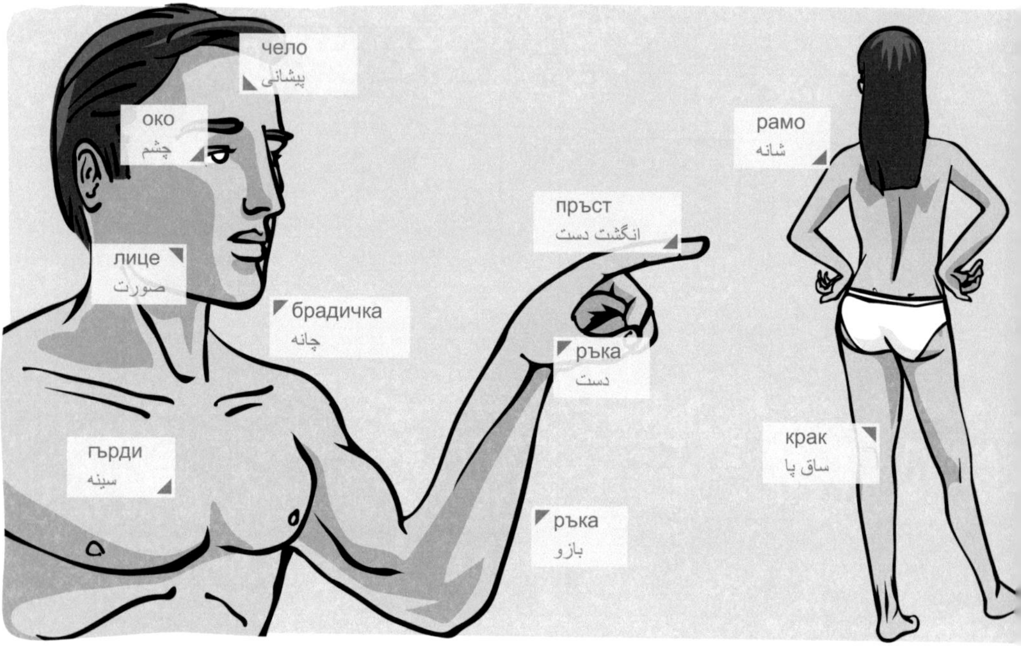

бебе

کودک

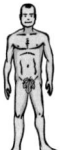

мъж

مرد

жена

زن

момиче

دختربچه

момче

پسربچه

глава

کله

гръб

كمر

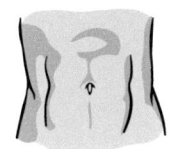

корем

شكم

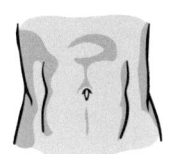

пъп

ناف

пръст на крака

انگشت پا

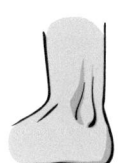

пета

پاشنه

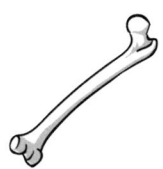

кост

استخوان

хълбок

لگن

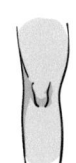

коляно

زانو

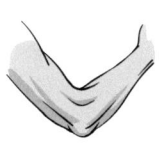

лакът

أرنج

нос

بینی

седалище

نشیمنگاه

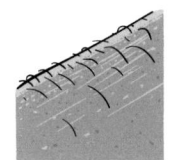

кожа

پوست

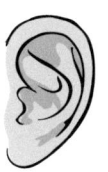

буза

گونه

ухо

گوش

устна

لب

уста

دهان

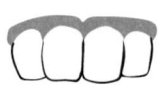

зъб

دندان

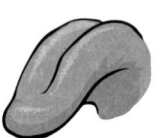

език

زبان

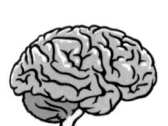

мозък

مغز

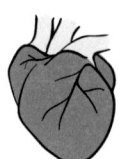

сърце

قلب

мускул

عضله

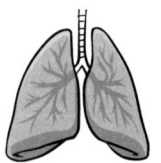

бял дроб

ریه

черен дроб

کبد

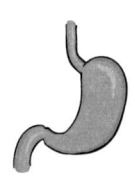

стомах

معده

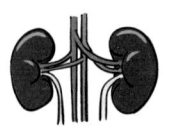

бъбреци

کلیه

полово сношение

آمیزش جنسی

кондом

کاندوم

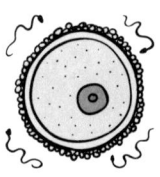

яйцеклетка

تخمک

сперма

اسپرم

бременност

حاملگی

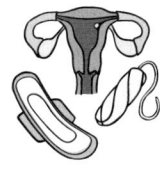

менструация

پریود

вагина

واژن

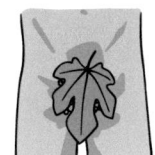

пенис

آلت تناسلی مرد

вежда

ابرو

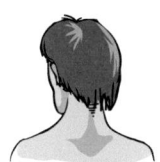

коса

مو

шия

گردن

# болница

# بیمارستان

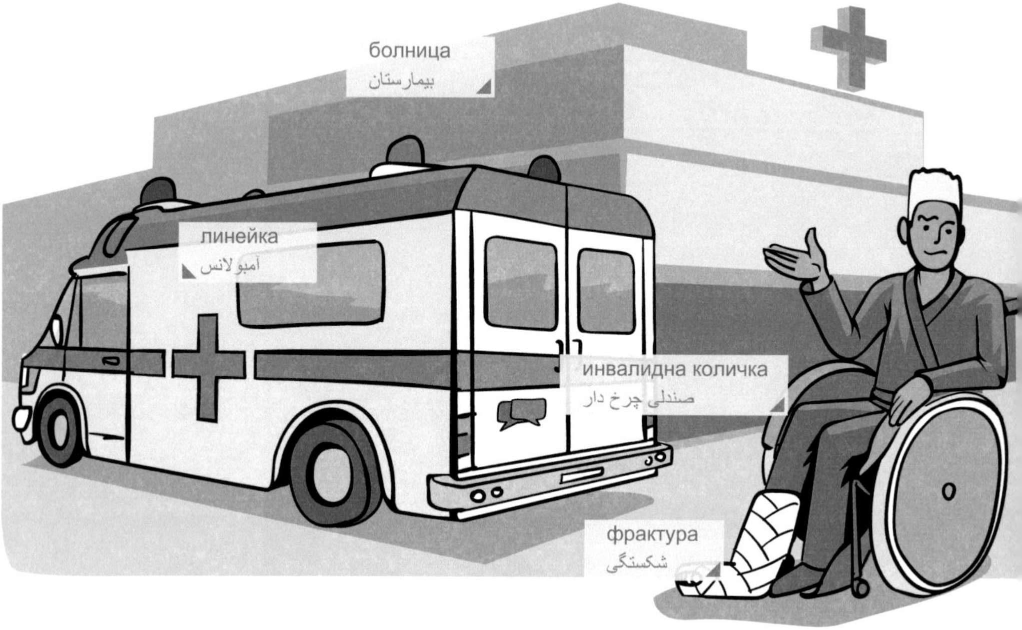

болница
بیمارستان
линейка
آمبولانس
инвалидна количка
صندلی چرخ دار
фрактура
شکستگی

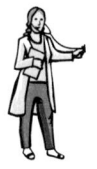

лекар

دکتر

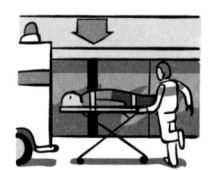

спешна хоспитализация

بخش اورژانس

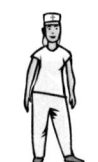

медицинска сестра

پرستار

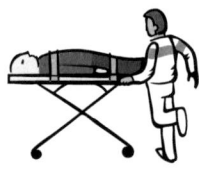

спешен случай

موقعیت اضطراری

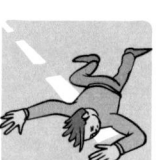

в безсъзнание

بی هوش

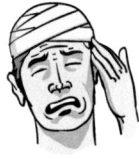

болка

درد

нараняване

مصدومیت

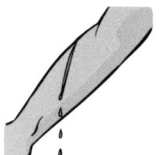

кървене

خونریزی

инфаркт

سکته قلبی

инсулт

سکته مغزی

алергия

آلرژی

кашлица

سرفه

температура

تب

грип

انفولانزا

диария

اسهال

главоболие

سردرد

рак

سرطان

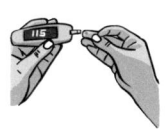

диабет

دیابت

хирург

جراح

скалпел

چاقوی جراحی

операция

عمل جراحی

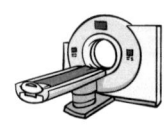

компютърна томография

سی تی اسکن

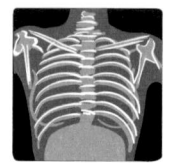

рентген

پرتونگاری

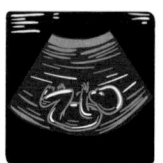

ултразвук

سونوگرافی

маска

ماسک صورت

болест

بیماری

чакалня

اتاق انتظار

патерица

چوب زیر بغل

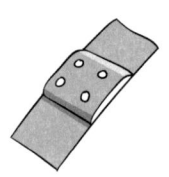

пластир

چسب زخم

превръзка

پانسمان

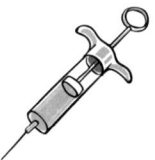

инжекция

تزریق

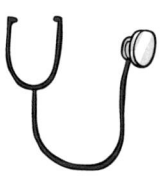

стетоскоп

گوشی طبی

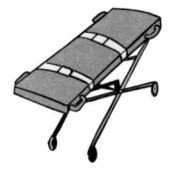

носилка

برانکار

термометър

دماسنج

раждане

زایش

наднормено тегло

اضافه وزن

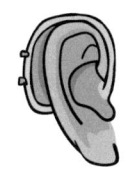

слухов апарат

سمعک

дезинфекционно средство

ماده ضد غفونی کننده

инфекция

عفونت

вирус

ویروس

HIV / AIDS

اچ آی وی / ایدز

медицина

دارو

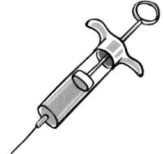

ваксинация

واکسیناسیون

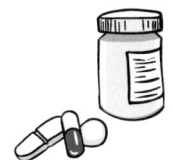

таблети

قرص

противозачатъчна таблетка

قرص ضد حاملگی

спешно телефонно обаждане

تماس اظطراری

апарат за измерване на кръвното налягане

دستگاه اندازه گیری فشارخون

болен / здрав

مریض / سالم

# спешен случай

## موقعیت اضطراری

Помощ!

کمک!

сигнал за тревога

آژیر خطر

нападение

حمله

атака

حمله ی فیزیکی

опасност

خطر

авариен изход

خروج اظطراری

Пожар!

آتش

пожарогасител

کپسول آتش‌نشانی

злополука

تصادف

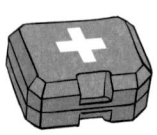

комплект за оказване на първа помощ

جعبه کمک های اولیه

SOS

درخواست کمک

полиция

پلیس

# Земя
## کره زمین

Европа

اروپا

Северна Америка

آمریکای شمالی

Южна Америка

آمریکای جنوبی

Африка

آفریقا

Азия

آسیا

Австралия

استرالیا

Атлантически океан

اقیا نوس اطلس

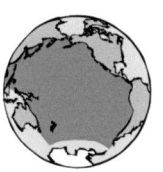

Тихи океан

اقیانوس آرام

Индийски океан

اقیانوس هند

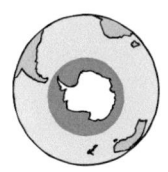

Южен ледовит океан

اقیا نوس اطلس جنوبی

Северен ледовит океан

اقیانوس منجمد شمالی

Северен полюс

قطب شمال

Южен полюс

قطب جنوب

Антарктида

قاره قطب جنوب

Земя

کره زمین

суша

سرزمین

море

دریا

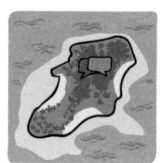

остров

جزیره

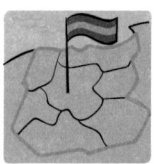

нация

ملت

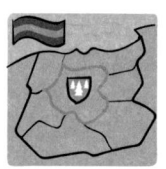

държава

کشور

# часовник

## ساعت

циферблат

صفحه ی ساعت

стрелка на часовете

ساعت شمار

стрелка на минутите

دقیقه شمار

стрелка на секундите

ثانیه شمار

Колко е часът?

ساعت چند است؟

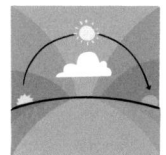

ден

روز

време

زمان

сега

اکنون

дигитален часовник

ساعت دیجیتال

минута

دقیقه

час

ساعت

# седмица

## هفته

понеделник
دوشنبه

вторник
سه شنبه

сряда
چهارشنبه

четвъртък
پنج شنبه

петък
جمعه

събота
شنبه

неделя
یک شنبه

вчера
دیروز

днес
امروز

утре
فردا

сутрин
صبح

обед
ظهر

вечер
غروب

работни дни
روزهای کاری

уикенд
آخر هفته

дъжд
باران

дъга
رنگین کمان

сняг
برف

вятър
باد

пролет
بهار

есен
پاییز

лято
تابستان

зима
زمستان

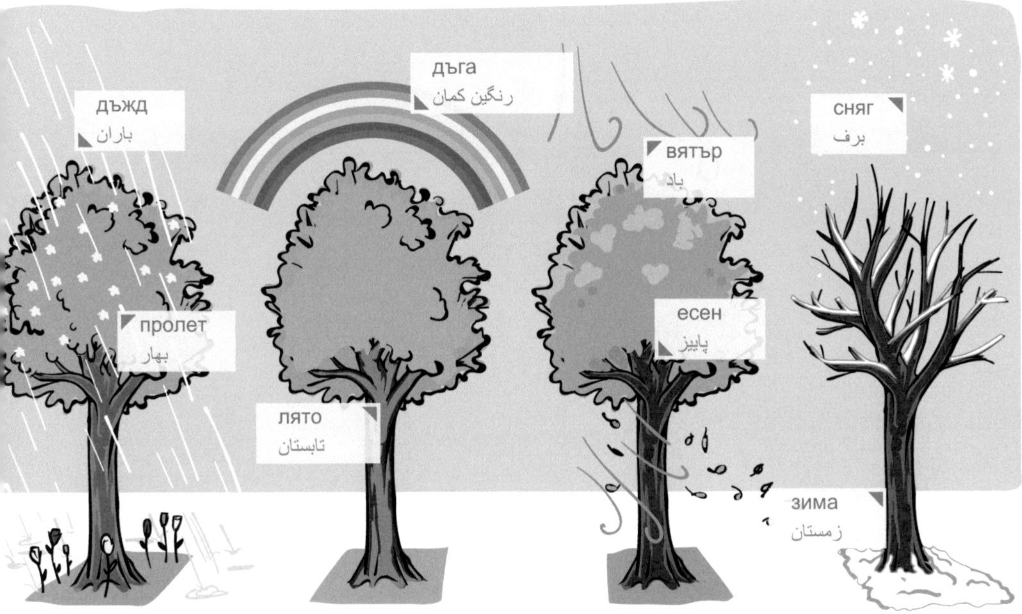

прогноза за времето

پیش‌بینی اوضاع جوی

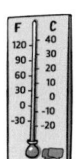

термометър

دماسنج

слънчева светлина

تابش آفتاب

облак

ابر

мъгла

مه

влажност на въздуха

رطوبت هوا

светкавица

صاعقه

гръмотевица

آسمان غره

буря

طوفان

градушка

تگرگ

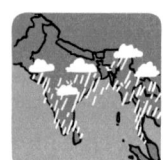

мусон

باد موسمی

наводнение

سیل

лед

یخ

януари

ژانویه

февруари

فوریه

март

مارس

април

آوریل

май

مه

юни

ژوئن

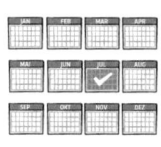

юли

ژوئیه

август

آگوست

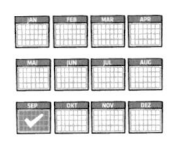

септември

سپتامبر

октомври

اکتبر

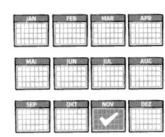

ноември

نوامبر

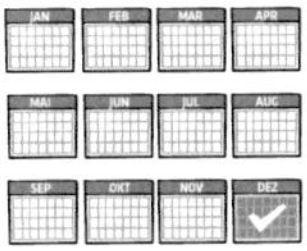

декември

دسامبر

# форми

## اَشکال

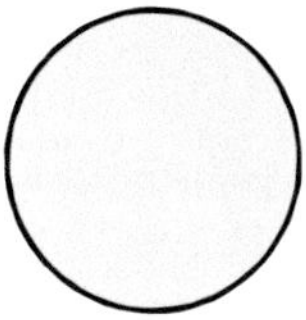

кръг

دایره

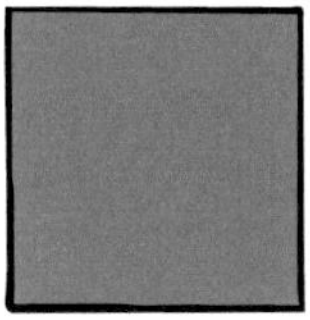

квадрат

مربع

четириъгълник

مستطیل

триъгълник

سه گوش

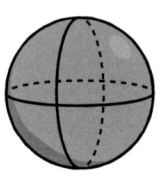

сфера

گره

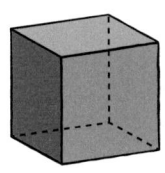

куб

مکعب مربع

# цветове

## رنگ ها

бял

سفید

жълт

زرد

оранжев

نارنجی

розов

صورتی

червен

قرمز

лилав

بنفش

син

آبی

зелен

سبز

кафяв

قهوه ای

сив

خاکستری

черен

سیاه

# противоположности

## متضاد ها

много / малко

خیلی / کم

ядосан / спокоен

خشمگین/ آرام

красив / грозен

زیبا / زشت

начало / край

شروع / پایان

голям / малък

بزرگ / کوچک

светъл / тъмен

روشن / تیره

брат / сестра

برادر / خواهر

чист / мръсен

تمیز / آلوده

пълен / непълен

کامل / ناقص

ден / нощ

روز / شب

мъртъв / жив

مرده / زنده

широк / тесен

پهن / باریک

ядлив / неядлив

قابل خوردن / غير قابل خوردن

сърдит / любезен

غضبناک / مهربان

развълнуван / скучаещ

هیجان زده / بی حوصله

дебел / тънък

چاق / لاغر

най-напред / най-накрая

اولین / آخرین

приятел / враг

دوست / دشمن

пълен / празен

پر / خالی

твърд / мек

سفت / نرم

тежък / лек

سنگین / سبک

глад / жажда

گرسنگی / تشنگی

болен / здрав

مریض / سالم

нелегален / легален

غیرقانونی / قانونی

интелигентен / глупав

باهوش / خنگ

ляво / дясно

چپ / راست

близо / далече

نزدیک / دور

нов / употребяван

نو / استفاده شده

нищо / нещо

هیچ چیز / چیزی

стар / млад

پیر / جوان

вкл. / изкл.

روشن / خاموش

отворен / затворен

باز / بسته

тих / силен (звук)

آهسته / بلند

богат / беден

ثروتمند / فقیر

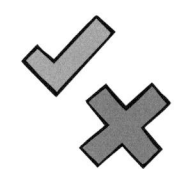

правилен / погрешен

درست / غلط

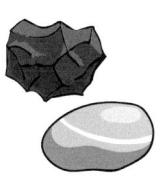

грапав / гладък

زبر / صاف

тъжен / щастлив

غمگین / خوشحال

дълъг / къс

کوتاه / بلند

бавен / бърз

کند / تند

мокър / сух

تر / خشک

топъл / студен

گرم / خنک

война / мир

جنگ / صلح

# числа

## اعداد

**0**

нула

صفر

**1**

едно

یک

**2**

две

دو

**3**

три

سه

**4**

четири

چهار

**5**

пет

پنج

**6**

шест

شش

**7**

седем

هفت

**8**

осем

هشت

**9**

девет

نه

**10**

десет

دَه

**11**

единадесет

یازده

**12**

дванадесет

دوازده

**13**

тринадесет

سیزده

**14**

четиринадесет

چهارده

**15**

петнадесет

پانزده

**16**

шестнадесет

شانزده

**17**

седемнадесет

هفده

**18**

осемнадесет

هجده

**19**

деветнадесет

نوزده

**20**

двадесет

بیست

**100**

сто

صد

**1.000**

хиляда

هزار

**1.000.000**

милион

میلیون

# езици

## زبان ها

английски

انگلیسی

американски английски

انگلیسی آمریکایی

китайски мандарин

چینی ماندارین

хинди

هندی

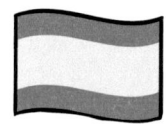

испански

اسپانیایی

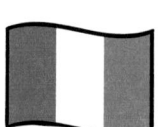

френски

فرانسوی

арабски

عربی

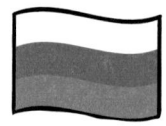

руски

روسی

португалски

پرتغالی

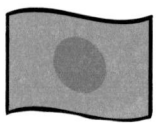

бенгалски

بنگالی

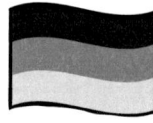

немски

آلمانی

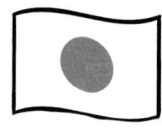

японски

ژاپنی

# кой / какво / как
## چه کسی / چه چیزی / چگونه

аз

من

ти

تو

той / тя / то

او

ние

ما

вие

شما

те

آنها

кой?

چه کسی؟ کی؟

какво?

چی؟

как?

چگونه؟

къде?

کجا؟

кога?

کی؟

име

نام

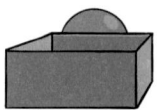

# къде

## کجا

зад

پشت

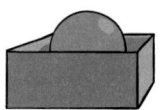

в

توی

пред

جلو

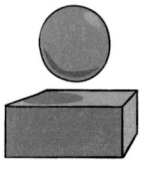

над

بالای

върху

روی

под

زیر

до

مجاور

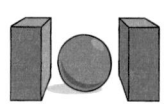

между

بین

място

مکان